Moritz Ballerstädt

Die diskriminierende Sprache der NVA-Soldaten – Wie sie sich äußert und an wen sie sich richtet

GRIN Verlag

Bibliografische Information der Deutschen Nationalbibliothek:

Die Deutsche Bibliothek verzeichnet diese Publikation in der Deutschen National-
bibliografie; detaillierte bibliografische Daten sind im Internet über http://dnb.d-
nb.de/ abrufbar.

Impressum:

Copyright © 2011 GRIN Verlag GmbH
Druck und Bindung: Books on Demand GmbH, Norderstedt Germany
ISBN: 978-3-656-31872-9

Dieses Buch bei GRIN:

http://www.grin.com/de/e-book/205195/die-diskriminierende-sprache-der-nva-sol-
daten-wie-sie-sich-aeussert-und

Universität Potsdam

Institut für Germanistik

Bachelorarbeit

Die diskriminierende Sprache der NVA-Soldaten–

Wie sie sich äußert und an wen sie sich richtet.

vorgelegt von:

Moritz Ballerstädt

Berlin, im Juli 2011

Inhaltsverzeichnis:

1. Vorwort

Die Sprache der DDR-Soldaten wurde erst nach 1990 Gegenstand linguistischer Untersuchungen. Warum sich die Wissenschaft mit der NVA-Sprache beschäftigt hat, ist vermutlich nur durch ihre Eigentümlichkeit zu erklären. Matthias Rogg resümiert, dass in der Nationalen Volksarmee (NVA) die Lexik besonders schrille Töne hervorgebracht habe.[1] Zudem standen ideologische und soziokulturelle Aspekte der Sprache im Fokus der Forschungsbemühungen. Dass die NVA eigene Sprachriten entwickelte, ist nicht verwunderlich. Peter Möller insistiert, dass Soldaten untereinander seit jeher eine eigene Sprache entwickelt habe, denn „die Soldatensprache ist so alt wie das Militär"[2]. Das heißt: Im Militär existiert ein offizieller Sprachduktus zwischen Dienstgraden. Unter den Soldaten[3] wird dieser aber auch stetig konterkariert. Es ist sogar davon auszugehen, dass die Soldatensprache älter als die offizielle Militärsprache ist und auf die ersten kriegsbedingten Zusammenrottungen zurückgeht. Demzufolge lassen sich auch Sprachbesonderheiten für jede Art von militärischen Zusammenschlüssen ausmachen. Wenn man heute Sprachangehörigen einer Militärsprache zuhört, dann lässt sich zwar auf Grund semantischer sowie weltwissentlicher Zusammenhänge darauf schließen, dass es sich hierbei um *Neulinge in einer Einheit (Sprutz)*[4] oder gar geschilderte *kameradschaftliche Symposien (Druckbetankung)*[5] handelt, dennoch bleiben spezifische Worte sowie einzelne Wortwendungen für Außenstehende unklar.

Diese Arbeit widmet sich dem aggressiven bzw. diskriminierenden Potential von Soldatensprache, die anhand der DDR-Soldatensprache untersucht werden soll. Ein gewichtiger Grund der Themenwahl bestand in der engen Verzahnung zwischen soldatischem Umgang und der dazugehörigen Sprache. Denn die Dienstzeit in der NVA war durch Repressalien geprägt, die sich auch in der Sprache widerspiegelten. Sie gehört unweigerlich zum System der zweijährigen Ausbildung in der NVA. Um ein möglichst genaues Bild über die wertende NVA-Sprachkultur zu erlangen, wirft diese Arbeit einen prüfenden Blick auf das Vokabular sowie auf den Personenkreis, der durch diese Sprache diskriminiert wird. Neben theoretischen Aspekten wird dieser

---

[1] Vgl. Matthias Rogg: Armee des Volkes? – Militär und Gesellschaft in der DDR, S. 325 f.
[2] Klaus-Peter Möller: Der wahre E. Ein Wörterbuch der DDR-Soldaten. Berlin 2000, S. 8.
[3] „... unter den Soldaten" bedeutet in diesem Fall die Umgangsform zwischen Militärs mit ähnlichen Dienststrängen.
[4] Ebenda, S. 195.
[5] Ebenda, S. 72.

Arbeit auch eine Umfrage dienlich sein, die Zeitzeugen über ihre Wahrnehmung der NVA-Sprache befragt.

Zudem ist es für diese Arbeit ebenso von Interesse, warum sich diese Sprache lediglich in der Armee ausbildete und sich große Teile von ihr nicht in den allgemeinen Sprachgebrauch der DDR-Bürger übertrug, zumal der Dienst in der NVA obligatorisch war und man davon ausgehen muss, jedenfalls zu diesem Zeitpunkt der Untersuchung, dass jeder ehemalige DDR-Armeedienstleitende über das Vokabular verfügen konnte. Der Versuch, dieses Phänomen zu erklären, wird sich zu Teilen auch auf die Einstellungen der gesamten DDR-Bevölkerung zur NVA beziehen. Denn eine Isolation von der Bevölkerung verstärkt die Ausprägung einer Parallelgesellschaft in der Armee.

Für diesen ersten Moment bleibt festzuhalten, dass NVA-Soldatensprache erst im Armeedienst erlernt und lediglich während der Dienstzeit angewendet wurde. Am aktuellen Forschungstand möchte ich zeigen, dass NVA-Sprache noch ein weitgehend unreflektiertes Untersuchungsgebiet darstellt. Jedoch bevor diese Arbeit mit der Überprüfung beginnt, möchte ich darauf hinweisen, dass die Sprache der NVA – nicht zuletzt auf Grund einiger Kinofilme wie „NVA – Wahre Helden" oder „DDR-Mottoshows", in denen auch NVA-Soldatenvokabular Eingang findet – sich einer Renaissance erfreute, die, ironisch verwendet, heute der Belustigung dient. Die Ernsthaftigkeit der Sprache und ihr Wirken auf die Sprachteilnehmer scheinen gewichen zu sein.

2. Stand der Wissenschaft

Die Bearbeitungen zur Untersuchung der Sprache der DDR-Soldaten haben stark zugenommen. Vermehrt erkennen Wissenschaftler in ihr eine klar aggressive, vulgäre Tendenz: „Die DDR-Soldatensprache war außerordentlich vulgär, extreme und vulgäre Sprachmittel wurden bevorzugt und setzten sich in der Tendenz durch."[6] Ein wichtiger Zusatz für diese Feststellung ist, dass die vulgären Tendenzen der NVA-Sprache einen selbsterzieherischen Geist in der Soldatengemeinschaft stützen.[7] Eine allumfassende Darstellung der Besonderheiten der NVA-Sprache erfolgte aber erst

---

[6]R. Bock/K.-P. Möller: Die DDR-Soldatensprache. Ein Beitrag zum Wesen der Soldatendatensprache. S. 150.
[7]Vgl. Wolf Oschlies: Wie „Mucker" bei der „Fahne" reden. Soziolinguistische Bemerkungen zum DDR-Soldatenjargon. Köln 1987, S. 21.

mit dem Wörterbuch „Der wahre E. Ein Wörterbuch der DDR-Soldatensprache"[8] von Klaus-Peter Möller, der den Versuch unternommen hat, das Vokabular der NVA-Soldaten sowie die Bedeutung der einzeln aufgeführten Worte darzustellen. Neben Möllers Werk, welches sich gezielt mit der Sprache der DDR-Soldaten befasst, gibt es ein üppiges Angebot an Literatur, die sich mit der NVA beschäftigen. In ihnen werden die Sprachbesonderheiten der Soldaten jedoch nur beiläufig erwähnt. Stockmanns Bearbeitungen[9] beispielsweise beziehen sich auf das Verhältnis zwischen Generälen und Offizieren der NVA. So ist hier lediglich mittelbar ein Sinnzusammenhang zwischen NVA und der ihr innewohnenden Sprache herzuleiten. Erst durch die Konsultation anderer Fachliteratur wird deutlich, von welcher Bedeutung hierarchische Militärsysteme für die Soldatensprache sind.

Auffällig hierbei ist, dass neben Möllers Publikation lediglich eine weitere Monographie zu dem Thema DDR-Soldatensprache existiert.

Das Werk von Wolf Oschlies „Wie ‚Mucker' bei der ‚Fahne' reden. Soziolinguistische Bemerkungen zum DDR-Soldatenjargon"[10] ist zwar eine durchdachte Aufarbeitung der NVA-Sprache, nur scheinen seine Betrachtungen zu konstruiert. Eine Veröffentlichung in den alten Bundesländern, im Jahr 1987, lässt erahnen, dass dieser Arbeit wichtige Erkenntnisse bzw. Betrachtungsmöglichkeiten verborgen geblieben sind. Klaus-Peter Möller hingegen hat seinen Wehrdienst in der NVA abgeleistet und, was womöglich als ebenso wichtig zu bewerten ist, erst elf Jahre nach der Auflösung der NVA das Buch „Der Wahre E."[11] vorgelegt. Er hat die Soldatensprache demnach als Sprachangehöriger bewusst erlebt und später dann einen retrospektiven Blick auf sie geworfen. Er hat seine Untersuchungen jedoch während seiner Dienstzeit begonnen, was dafür spricht, dass er ein authentisches Bild der Sprache skizzieren kann.

Diese Arbeit wird zu einem Großteil auf den Arbeiten von Oschlies und Möller fußen. Es bedarf jedoch auch anderer Literatur, ähnlich dem Beispiel der aufgeführten Stockmannliteratur, um die Ausführungen beider Sprachforscher zu nähren.

---

[8]Klaus-Peter Möller: Der wahre E. Ein Wörterbuch der DDR-Soldaten. Berlin 2000.
[9]Klaus P. Storkmann: Das chinesische Prinzip in der NVA. Berlin 2001.
[10]Wolf Oschlies: Wie Mucker bei der Fahne reden. Soziolinguistische Bemerkungen zum DDR-Soldatenjargon. Köln 1987.
[11]Klaus-Peter Möller: Der wahre E. Ein Wörterbuch der DDR-Soldaten. Berlin 2000, S. 8.

3. Die Soldatensprache

Die Sprache der Soldaten ist unbedingt zu unterteilen. Es existiert ein offizieller Sprachstil, der in real existierenden Hierarchiegebilden einer Armee angewandt wird, und ein inoffizieller Sprachstil, der unter den Rekruten Verwendung findet. Dieses Kapitel möchte sich der Aufgabe widmen, die Sprachstile abzugrenzen und dabei ihre Besonderheiten herausarbeiten. Unter der Berücksichtigung der Kernthese, also des diskriminierenden sowie vulgären Gehalts von inoffizieller DDR-Soldatensprache, werden dadurch wichtige Bausteine bzw. logische Grundlagen für ein Verständnis gelegt.

3.1 Offizielle Soldatensprache kontra inoffizielle Soldatensprache

Die Militärsprache ist in einen offiziellen sowie einen inoffiziellen Teil zu trennen. Für diese Arbeit ist die inoffizielle Sprache von Interesse. Diese Unterscheidung ist zwingend notwendig, denn „Soldatensprache, die Gruppensprache der Militärangehörigen, ist der nicht standardisierte Teil der Sprachvarietät des Militär- und Kriegswesens".[12] Um Verwirrungen zu vermeiden, ist es hilfreich, den inoffiziellen Teil als *Soldatensprache* und den offiziellen Teil als *Militärsprache* zu definieren.[13] Eine große Unterscheidung lässt sich in den jeweiligen Anwendungsgebieten ausmachen. Die Soldatensprache ist ähnlich der Sprache des Arbeiters, jedoch ist sie nicht auf den dienstlichen Teil beschränkt, sondern findet auch im nichtdienstlichen Bereich des Soldaten Verwendung.[14] Das ist mit dem Faktor Raum zu erklären. Anders als ein Arbeiter, der sich nach Dienstende vom Arbeitsort entfernen darf, ist der NVA-Soldat nach Beendigung seines Dienstes an den Standort *Kaserne* gebunden. Die Auseinandersetzung mit anderen Rekruten ist demnach permanent vorhanden. Die Militärsprache ist auf offizielle Befehle bzw. Kommandos beschränkt und endet mit dem täglichen Dienstende, da Befehlende und Befehligte nach Dienstende so gut wie nicht miteinander verkehren.

---

[12]R. Bock/K.-P. Möller: Die DDR-Soldatensprache. Ein Beitrag zum Wesen der Soldatendatensprache. S. 139.
[13]Bock und Möller nehmen diese Unterscheidung vor, um den Jargon des Soldaten von Kommandos der Heeresführung abzutrennen. In: R. Bock/K.-P. Möller: Die DDR-Soldatensprache. Ein Beitrag zum Wesen der Soldatendatensprache. S. 140.
[14]Vgl. Ebenda.

Kommt es nach dem Dienstschluss doch zu einem Aufeinandertreffen, ist der Sprachstil auch hier offiziell. Geht man nun davon aus, dass Unteroffiziere und Rekruten nach Dienstende ein Gespräch führen, kann es auch hier zu Befehlen kommen. Diese sind allerdings als inoffiziell zu bewerten.

Es gab jedoch Ausnahmen. Ein Beschluss aus dem Jahr 1960 forderte Offiziere dazu auf, für die Zeit von vier Wochen Soldatendienst abzuleisten.[15] Ein möglicher Hintergrund: eine bessere Kontrolle über die Soldaten.

„Unter Bezug auf [die Anordnung des Ministers Nr. 4/59 vom 3.Februar 1959][16] ordnete Generaloberst Stoph an, dass alle Generale, Admirale und Offiziere bis zum 50. Lebensjahr ab 1960 jährlich vier Wochen als Soldat Dienst in der Truppe, also in Kompanien, Batterien und den Äquivalenten der Marine, zu leisten hatten."[17]

Auf Grund dieser Anordnung ist davon auszugehen, dass die Offiziere durchaus wussten, *welche Sprache* ihre Soldaten pflegten und wen sie durch die Benutzung diskriminierten. Denn „alle Vorgesetzten wussten davon und die meisten duldeten das System, weil sie von der informellen Hierarchie profitierten".[18] Aber auch auf noch höheren Polit-Ebenen war bekannt, wie sich die Soldaten in ihrer zweijährigen Dienstzeit hierarchisierten. Selbst Fortbildungsmaterial für NVA-Offiziere widmet der Hierarchiebildung umfassende Ausarbeitungen und gibt auch hier zu verstehen, dass die inoffiziellen Vorgänge durchaus bekannt sind. So widmet sich ein Themenschwerpunkt[19] den Armeeangehörigen. Er besagt, dass „die wechselseitigen Beziehungen der ... Armeeangehörigen ... in den meisten Fällen den Forderungen der Vorschriften [entsprechen]".[20] Weiter wird auch gesagt, dass die militärischen Vorschriften nicht alle Einzelheiten des Zusammenlebens der Soldaten klären können.[21] Jedoch ist in diesem Themenschwerpunkt auch festgeschrieben, dass das grobe Zu-

---

[15]Vgl. Klaus P. Storkmann: Das chinesische Prinzip in der NVA. Berlin 2001, S. 1.
[16]Die Anordnung des Ministers legte die Einzelheiten des zeitweiligen Einsatzes der Generale, Admirale und Offiziere als Soldat in der Truppe fest (Dokument 17).
[17]Klaus P. Storkmann: Das chinesische Prinzip in der NVA. Berlin 2001, S. 35.
[18]Matthias Rogg: Armee des Volkes? – Militär und Gesellschaft in der DDR, S. 330
[19]Der Themenschwerpunkt nennt sich „Die Besonderheiten in den Beziehungen der Armeeangehörigen". Er bezieht sich auf eine inoffizielle Hierarchiebildung zwischen den Soldaten. Probleme der Militärpsychologie und Militärpädagogik. S. 7.
[20]Probleme der Militärpsychologie und Militärpädagogik. S. 7.
[21]Die Autoren des NVA-Lehrbuchs sprechen von der „Gestaltung der gegenseitigen Beziehungen [der Soldaten]. Ebenda.

widerhandeln gegen Vorschriften bezüglich des Miteinanders der Soldaten Sanktionen nach sich zieht. Die Soldaten wussten zu keinem Zeitpunkt, dass Offiziere in ihren Reihen als Soldaten getarnt Dienst taten.

> *„Sie betraten als „neu einberufene Soldaten" in Zivilkleidung die Kaserne und wurden mit den anderen Soldaten zusammen eingekleidet. Weder die Soldaten noch die Kompanieoffiziere wussten von der wahren Identität der neuen Soldaten."[22]*

Durch regen Widerstand in den Offiziersreihen wurde die Anordnung jedoch recht zeitnah wieder ad acta gelegt.[23] Die hinreichende Konstellation sah eigentlich keinen Kontakt zwischen Rekrut und Offizier vor. An diesem Beispiel jedoch wird deutlich, dass durchaus Schnittpunkte existierten, die dazu beitrugen, dass die Offiziere Einblicke in einen privaten Soldatenalltag bekamen. Hierbei wären vor allem die Sprache sowie die mit ihr einhergehende inoffizielle E-Bewegung zu nennen. Umso bemerkenswerter ist, dass es keine flächendeckenden Interventionen gegen diese Beobachtungen der Offiziere gab. Die **Einstellungen** und Sichtweisen auf das Sprach- und Hierarchiesystem der Soldaten wurden nicht als negativ verstanden. Eine Gegenüberstellung beider Sprachen soll die Stile differenzieren und kenntlich machen, was man explizit unter Militär- und Soldatensprache versteht.

Sprachvarietät des Militär- und Kriegswesens

Militärische Fachsprache (Heeressprache) vor allem bestehend aus:	Soldatensprache vor allem bestehend aus:
- Sachbezeichnungen für militärische Gegenstände, standardisierte Befehle und Kommandos in Dienstschriften, Reglements usw., die den dienstlichen Alltag des Soldaten betreffen	- Lexemen für militärische Gegenstände, Personen, Gruppen und Lebensumstände

Abb. 1[24]

---

[22]Klaus P. Storkmann: Das chinesische Prinzip in der NVA. Berlin 2001, S. 36.
[23]Vgl. Klaus P. Storkmann: Das chinesische Prinzip in der NVA. Berlin 2001, S. 36 ff.
[24]Siehe Abb. 1. In: Bock/Möller: Die DDR-Soldatensprache. Ein Beitrag zum Wesen der Soldatensprache. Potsdam 1991, S. 140.

Die dargestellten Untersuchungsergebnisse belegen, dass es einen frappierenden Unterschied zwischen offizieller und inoffizieller Militärsprache gibt. Die offizielle Soldatensprache ist in den Bereich der militärischen Fachsprache einzuordnen. Sie nutzt beispielsweise literatursprachliche Lexik und Syntax. Sie ist zudem stilistisch nicht markiert und wird schriftlich sowie mündlich gebraucht. Ihr offizieller Gehalt ist daran gut erkennbar.[25]

Die Soldatensprache wiederum nimmt Elemente der Literatursprache sowie Lexeme und Syntagmen der Umgangssprache auf. Besonders der Sprachgebrauch der „untersten Schicht" sowie Elemente der Jugendsprache des 19. sowie 20. Jahrhunderts finden in ihr Verwendung. Ein Beispiel hierfür ist das Lexem *Mucker*[26], das zum Vokabular der DDR-Soldatensprache gehört. Es stammt ursprünglich aus der Jugendsprache des 19. und frühen 20. Jahrhunderts.

In der Sprache der NVA-Soldaten bedeutet das Wort *Mucker* „Motorisierter-Schütze" (Mot.-Schütze) und bezieht sich auf das Wort *Muck*. Es beschreibt das Korn (Pendant: Kimme), welches Teil der Zielvorrichtung bei Schusswaffen ist. Das Wort *Muck* war im 19. Jahrhundert im oberdeutschen Sprachraum verbreitet. In der Schießausbildung bedeutete *mucken* „einen Fehler machen".[27] Im Vokabular der DDR-Soldatensprache war *Mucker* eine „Neckbezeichnung".[28] Zudem war *Mucker* auch als Schimpfwort[29] im Gebrauch. Obschon die ursprüngliche Bedeutung des *Muckers* – ein schlechter Schütze – abhandengekommen ist.[30] ist durch die Bedeutung „Mot.-Schütze" sowie durch den negativen Gebrauch, mitunter auch als Schimpfwort, durchaus eine Kohärenz zwischen ursprünglicher Bedeutung und Bedeutung in der DDR-Soldatensprache zu erkennen.

---

[25]Vgl. ebenda S. 140.
[26]Im Wörterbuch „Der Wahre E." wird das Wort *Mucker* wie folgt definiert: 1. Mot.-Schütze, Angehöriger der Landstreitkräfte, einfacher, geringwertiger Soldat – Schimpfwort 2. fanatischer Vorgesetzter, der peinlich genau auf die Einhaltung der Dienstvorschriften achtete. In: Klaus-Peter Möller: Der wahre E. Ein Wörterbuch der DDR-Soldaten. Berlin 2000, S. 146.
[27]Vgl. R. Bock/K.-P. Möller: Die DDR-Soldatensprache. Ein Beitrag zum Wesen der Soldatendatensprache. S. 140.
[28]R. Bock/K.-P. Möller: Die DDR-Soldatensprache. Ein Beitrag zum Wesen der Soldatendatensprache. S. 141.
[29]Siehe Fußnote 16.
[30]Vgl. R. Bock/K.-P. Möller: Die DDR-Soldatensprache. Ein Beitrag zum Wesen der Soldatendatensprache. S. 141.

3.2 DDR-Soldatensprache

Dieses Kapitel beschäftigt sich eingehend mit der Kernthese, dass NVA-Sprache diskriminierend und aggressiv ist. Hierzu wird die E-Bewegung gründlicher zu betrachten sein, um ihre Bedeutung für die DDR-Soldaten darzustellen. Denn es ist davon auszugehen, dass diskriminierende bzw. aggressive Elemente in der NVA-Soldatensprache mit einer inoffiziellen – neben den im Militär üblichen offiziellen Machtverhältnissen – Hierarchie einhergeht. Um die angesprochene Hierarchiekonstellation zu verdeutlichen, kann man Zeugnisse, wie etwa Privatbriefe von NVA-Soldaten, als Quelle nutzen. Es zeigt sich durch die Rezeption der Briefe, dass es unter den Soldaten stärkere und schwächere Machtpositionen gab.

„Und damit wir Schnaps trinken können, bitte ich Dich, schicke mir [...] große Flaschen Schnaps, aber bitte mache das, denn ansonsten werde ich nicht zum Zwischenkeim geschlagen und bin noch ein halbes Jahr Löffel und muß Reviere schruppen (z.B. Scheißhaus, Waschraum, Flur oder Stube) und habe nichts zu sagen. Und dagegen kann man nichts sagen, sonst würde man den Kürzeren ziehen. Und man wird als 2. Klasse behandelt. Und das willst du ja sicher auch nicht ... ".[31]

Der Soldat weist in diesem persönlichen Brief auf das hierarchische Machtgefüge in der NVA hin. Er beschreibt, wie die jungen Rekruten, zu denen er in dieser Phase seines Armeedienstes noch zu zählen ist, von den bereits „länger dienenden" Soldaten in *zwei Klassen* aufgeteilt werden. Peter Tannhoff bemerkte über die Aufnahme in die Hierarchie: „Wer sich dagegen sträubte, wurde nicht akzeptiert, ausgegrenzt und verspottet."[32]

Es ist anzunehmen, dass, wenn von einer inoffiziellen Sprache in Verbindung mit einer inoffiziellen Hierarchiekonstellation die Rede ist, beide Komponenten miteinander verwoben sind. Rogg geht sogar noch weiter. Er schildert, dass die Soldaten durch den Stil ihrer Vorgesetzten geradezu aufgestachelt wurden, einen eigenen Sprachstil zu entwickeln. Er behauptet folgendes:

---

[31]Klaus-Peter Möller: Der wahre E. Ein Wörterbuch der DDR-Soldaten. Berlin 2000, S. 14.
[32]Peter Tannhoff: Sprutz – In den Fängen der NVA. Kiel 2003, S. 138.

*„Die Mischung aus technokratischer Funktionssprache und willkomme-
ner Einschüchterung forderte die Armeeangehörigen am unteren Ende
der Hierarchie heraus. Es entwickelte sich eine originäre Soldatensprache, die zu einem erheblichen Teil mit der Militärsprache korrespondier-
te.* "[33]

Zudem erklärt er, dass das Ministerium für Staatssicherheit über die Entwicklungen
Bescheid wusste. 1983 sei sie zu dem Schluss gekommen, dass 25 % aller Übergrif-
fe [in den Kasernen der NVA] an Mitgliedern und Kameraden der SED wegen deren
Parteizugehörigkeit verübt wurden.[34]
So ist es durchaus angebracht, die E-Bewegung zu beleuchten und zu untersuchen.
Durch sie kann genauer skizziert werden, inwieweit dieses Machtverhältnis unter
den Rekruten Auswirkungen auf den Sprachgebrauch hatte.

3.2.1 Die E-Bewegung

Als E-Bewegung bezeichnete man im „NVA-Jargon"[35] die Soldaten im dritten
Diensthalbjahr bzw. Unteroffiziere, die sich im sechsten Diensthalbjahr befanden.
Möller stellt fest, dass sich die E-Bewegung durch drei wesentliche Merkmale aus-
zeichnet. Zum einen waren die baldige Heimkehr und Machtbeziehungen zwischen
Soldaten und Unteroffizieren von Bedeutung und zum anderen „die absolute Vor-
zugsstellung der [EK-]Soldaten des dritten Diensthalbjahres, die ihre Überlegenheit
den dienstjüngeren Kameraden gegenüber oftmals rigoros ausnutzten."[36]
Das wiederum bedeutet, dass jeder Soldat vom Anbeginn seiner Dienstzeit durch die
E-Bewegung erfasst wurde. Möller stellt diese Erfassung von Neu-Soldaten mit fol-
gender Beobachtung in einen Kontext: „Hinter den Kasernenmauern spielten sich
nicht selten erniedrigende, mitunter ans Kriminelle reichende Handlungen ab."[37]

---

[33]Matthias Rogg: Armee des Volkes? – Militär und Gesellschaft in der DDR. S. 330.
[34]Vgl. ebenda, S. 334.
[35]Wolf Oschlies: Wie Mucker bei der Fahne reden. Soziolinguistische Bemerkungen zum DDR-Soldatenjargon. Köln 1987, S. 21.
[36]Im Wörterbuch „Der Wahre E." wird *EK* als Bezeichnung für Entlassungskandidat aufgeführt: ein Soldat im 3. und ein Unteroffizier im 6. Diensthalbjahr, deren baldige Entlassung anstand. Klaus-Peter Möller: Der wahre E. Ein Wörterbuch der DDR-Soldaten. Berlin 2000, S. 150.
[37]R. Bock/K.-P. Möller: Die DDR-Soldatensprache. Ein Beitrag zum Wesen der Soldatendatensprache
S. 151.

Um eine Kohärenz zwischen Sprache und Hierarchiekonstellation herzustellen, ist wiederum ein Zitat von Möller hilfreich.

> *„Sämtliche inoffizielle Hierarchiebezeichnungen der E-Bewegung und die mit den verschiedenen Hierarchiestufen in Zusammenhang stehenden Begriffe bilden einen wesentlichen Bestandteil der Lexik der DDR-Soldatensprache. Sämtliche Hierarchiebezeichnungen, sofern sie nicht die oberste Stufe benannten, konnten als Schimpfwörter verwendet werden bzw. besaßen per se den Charakter von Schimpfwörtern. "*[38]

Möller äußert sich zur hierarchischen Ordnung sogar noch drastischer und spricht von „[den] Bezeichnungen für das aus der noch verbleibenden Dienstzeit der Wehrdienstleistenden abgeleitete inoffizielle Hierarchie- und **[Unterdrückungssystem]**".[39] Es lassen sich hier einige Beispiele finden, die den Wortschatz eines EKs gegenüber Soldatenneulingen beschreiben: „Du willst wohl ein Pflegefall werden!"[40] oder auch „Mach'n Fisch!"[41]. Bezeichnend für die E-Bewegung ist die Tatsache, dass sie von Vorgesetzten mehr oder weniger toleriert wurde und der schon angeklungenen Selbsterziehung dienlich sein sollte.[42] Wie stark die E-Bewegung im Alltag der NVA-Soldaten verwurzelt war, bezeugen wiederum Aufzeichnungen Möllers, in denen er feststellt, dass

> *„jeder Soldat eine EK-Marke [hatte], die aus dem Initialwort EK, der Jahreszahl des Jahres, in dem der Wehrdienst beendet wurde und der Entlassungsrate (I-Frühling, II-Herbst) bestand, z.B. EK 84/II [bedeutete, dass] dieser Soldat ... im Herbst 1984 entlassen [wird]. "*[43]

Hinzu kommt, dass jeder Soldat die Zeit bis zu seiner Entlassung zählt und in der Regel über restliche Diensttage Bescheid wusste. Dieses Zählen wurde mit Hilfe ei-

---

[38]Klaus-Peter Möller: Der wahre E. Ein Wörterbuch der DDR-Soldaten. Berlin 2000, S. 15.
[39]Klaus-Peter Möller: Der wahre E. Ein Wörterbuch der DDR-Soldaten. Berlin 2000, S. 14.
[40]Eine Drohung, die sich gegen aufbegehrende Neulinge richtete. NVA-Soldaten. S. 155.
[41]Der jeweilige Soldat sollte *abhauen*. In: R. Bock/K.-P. Möller: Die DDR-Soldatensprache. Ein Beitrag zum Wesen der Soldatendatensprache. S. 155.
[42]Vgl. Ebenda.
[43]R. Bock/K.-P. Möller: Die DDR-Soldatensprache. Ein Beitrag zum Wesen der Soldatendatensprache. S. 153.

nes *Bandmaßes* festgestellt und dokumentiert.[44] Das Zählen der Tage per *Bandmaß* funktioniert wie folgt: Sind die letzten 150 Dienstage angebrochen, kauft man sich ein Bandmaß und schneidet jeden Tag einen Zentimeter ab. Ein Briefausschnitt mehrerer DDR-Soldaten, der dem Radiosender RIAS[45] zugespielt wurde, gibt Auskunft über die Handhabe mit dem Bandmaß.

„Wir richten uns mit einer Bitte an Euch, wir, das sind Wehrpflichtige der DDR im 3. Diensthalbjahr, kurz genannt EK's. Aus Sicherheitsgründen für uns werden wir keine Namen nennen, denn Euch zu schreiben ist ein heißes Eisen für uns und kann böse ausgehen. Wir möchten auf diesem Wege allen EK's zu ihren Bandmaßschnitten gratulieren und hoffen, dass sie die letzten 150 Tage ihrer Wehrpflicht gut überstehen. Und sie sollten immer daran denken – ‚Ob sie uns lieben oder hassen, eines Tages müssen sie uns entlassen.' Als Musikwunsch möchten wir gern einen Titel haben, der für Eure Sendung zwar etwas ungewöhnlich ist, aber sehr gute Textstellen enthält. Titel: „100 Mann und ein Befehl". Textstelle: „... und ein Befehl, den keiner will ... ."[46]

Dieser Briefausschnitt ist bedeutend für die Haltung der EK-Soldaten gegenüber der NVA. Paradox: Obwohl sie in der inoffiziellen Hierarchiestellung über den neuen Soldaten standen und diese Stellung ausnutzen, sehnten sie im Prinzip die Entlassung aus der NVA herbei.

Interpretierend ließe sich hier vermuten, dass die angesprochenen selbsterzieherischen Maßnahmen von den Soldaten entweder lediglich angewandt wurden, da ihnen Gleiches widerfuhr, als sie „Spritzer"[47] waren, oder sie handelten aus Frust über die Zeit, die sie in der Armee verbringen mussten. Nicht erklärbar ist eine These, die sich auf den inoffiziellen Hierarchiegedanken der Soldaten stützt, denn dann wären *die letzten 150 Tage in der Armee* für einen Soldaten nicht vom sich damit anschlie-

---

[44]Vgl. Wolf Oschlies: Wie Mucker bei der Fahne reden. Soziolinguistische Bemerkungen zum DDR-Soldatenjargon. Köln 1987, S. 31.
[45]Radio im Amerikanischen Sektor.
[46]Vgl. S. 31.
[47]Im Wörterbuch „Der wahre E." ist ein *Spritzer* ein Soldat im ersten Diensthalbjahr, schlicht formuliert ein *Neuer*. Klaus-Peter Möller: Der wahre E. Ein Wörterbuch der DDR-Soldaten. Berlin 2000, S. 194.

ßenden Entlassungswunsch geprägt. Die These, dass Frust eine große Rolle spielt, zeigt sich auch in der Art und Weise, wie die Soldaten mit Neulingen verfuhren.[48] Auch wurde bewusst versucht, sich mit der Benutzung eines solchen Bandmaßes von den Neulingen abzugrenzen. Redewendungen lauteten dann wie folgt: „Eh Alter, wo ist denn deine Kabeltrommel?"[49] Inwieweit diese Hierarchiebemühungen und Hierarchieaufrechterhaltungen mit den individuellen Schicksalen verwoben sind, kann in dieser Arbeit nicht geklärt werden. Wesentlich ist lediglich, dass sie existiert haben und sich in der Sprache der NVA-Soldaten widerspiegeln.

3.2.2 Aggressivität der DDR-Soldatensprache

Es wurde festgestellt, dass eine feste inoffizielle Hierarchiekonstellation im Verhalten sowie im *Jargon der NVA-Soldaten*[50] nachzuweisen ist. Dieses Kapitel will die sprachliche Darstellung dieser Konstellation weiter präzisieren und ein aggressives bzw. abwertendes Potential direkt in der Sprache der Soldaten nachweisen. Die sprachlichen Besonderheiten lassen sich nicht völlig losgelöst von Handlungen der Soldaten untereinander betrachten; sie sind fest miteinander verwoben.

3.2.3 Praktische Nachweise – NS-Lexik, Frauensynonyme und abgesonderte Rekruten in der NVA-Soldatensprache

Es lassen sich viele Begriffe in der NVA-Sprache finden, die direkt diskriminieren. Dabei stellt sich heraus, dass jeder Sprecher diskriminiert werden kann bzw. durch die Sprachbenutzung selbst in der Lage ist zu diskriminieren.

Auffällig bei dieser Untersuchung war, dass bspw. Frauen, die nicht in den Kerneinheiten der NVA dienen mussten bzw. durften, durch diese Sprache fast ausschließlich diskriminiert wurden. Frauen durften lediglich freiwillig in bestimmten Einheiten, wie z.B. Nachrichten- oder Sanitätswesen, drei Jahre und länger dienen. Sie waren durch ihre begrenzte Einheitszuteilung aber von den Kerneinheiten, wie z.B. den

---

[48]Siehe Zitat 23.
[49]Kabeltrommel ist hier hyperbolisch für ein noch sehr langes Bandmaß zu verstehen. In: Wolf Oschlies: Wie Mucker bei der Fahne reden. Soziolinguistische Bemerkungen zum DDR-Soldatenjargon. Köln 1987, S. 155
[50]Vgl. Wolf Oschlies: Wie Mucker bei der Fahne reden. Soziolinguistische Bemerkungen zum DDR-Soldatenjargon. Köln 1987, S. 21.

„Mot.-Schützen", separiert. Der Begriff „Möse"[51] stellt laut dem Wörterbuch Möllers ein Synonym für den Begriff Frau dar. Auffällig hierbei ist, dass der Begriff nicht als *abwertende Bezeichnung* gekennzeichnet ist. Das wiederum spricht dafür, dass die Sprecher der DDR-Soldatensprache diesen sowie weitere Begriffe als nicht wertend bzw. diskriminierend empfanden. Es ist anzunehmen, dass der Diskriminierungsgrad des Wortes[52] den Soldaten nicht bewusst gewesen ist – oder sie ihn nicht als Diskriminierung verstanden wissen wollten.

Bedeutend für die Verwendung: Die Diskriminierungen geschahen, ohne dass der betroffene Personenkreis dies vernommen hat. Es lässt sich demnach keine Aussage darüber treffen, ob das diskriminierende Potential der Sprache gegenüber dem weiblichen Geschlecht erkannt wurde, da die betroffenen Personen nicht in Kontakt mit dem Vokabular standen.

Nicht nur Außenstehende wurden durch die DDR-Sprache diskriminiert, sondern auch Zugehörige der Armee. Das Beispiel der EK-Bewegung hat zur Genüge dargelegt, dass jeder Rekrut durch dieses abwertende Vokabular erfasst wurde. So ist es auch nicht verwunderlich, dass Soldaten, die in den von den restlichen Rekruten abgetrennten Bereichen Armeedienst leisteten, ebenfalls mit stark wertenden Wörtern beschrieben wurden. So sind „Tastenficker" bzw. „Tastensäue"[53] Nachrichtensoldaten, die auf Grund ihrer Stellung allein arbeiteten und lediglich nach der Dienstzeit mit anderen Rekruten verkehrten.

Ein weiteres diskriminierendes Element, welches Möller beschreibt, ist die Verwendung von NS-Begriffen. Obschon ich vorab verdeutlichen möchte, dass ich Möllers Ansicht in diesem Punkt nicht teile, möchte ich jedoch auf die Darstellungen Möllers eingehen. Sie zeigen, wie schwierig es sein kann, die Herkunft von Bedeutungen abzugrenzen. Die Suche nach der Herkunft von gebräuchlichen Wörtern kann dem gesamten Sprecherkreis schaden. Besonders dann, wenn die Behauptung ihren eindeutigen Beweis schuldig bleibt.

Möller erkennt eine Verwendung von NS-Begriffen in abgeschwächter Form in der DDR-Soldatensprache. Die Bezeichnung „Untersoldat"[54] als Bezeichnung für einen Offiziersschüler ruft laut Möller die Assoziation zu dem Begriff „Untermensch", ei-

---

[51]Der Begriff *Möse* steht 1. für Frau und 2. für Vagina. In: Klaus-Peter Möller: Der wahre E. Ein Wörterbuch der DDR-Soldaten. Berlin 2000, S. 146.
[52]Das Wort beschreibt zudem das weibliche Geschlecht.
[53]Klaus-Peter Möller: Der wahre E. Ein Wörterbuch der DDR-Soldaten. Berlin 2000, S. 205.
[54]Ein *Untersoldat* ist ein Offiziersschüler. Klaus-Peter Möller: Der wahre E. Ein Wörterbuch der DDR-Soldaten. Berlin 2000, S. 213.

nem gängigen Propaganda-Synonym der Nationalsozialisten, hervor. Dieser Begriff beschreibt einen *Menschen zweiter Klasse*. In diesem Fall ist ein Untersoldat ein *Soldat zweiter Klasse*. Die Komposita mit „Unter-" lassen sich laut Möller auch in anderen Begriffen der NVA-Soldaten wiederfinden, z.B. „Unterlutscher".[55] Möller führt in seinem Wörterbuch zur Problematik der NS-Lexik folgende Beobachtung auf:

> *„Auf dem Wege direkter Übernahme aus dem Dritten Reich sind auch nazistische Lexeme, Redensarten und Witze in die DDR-Soldatensprache gelangt [...] Auch Vorgesetzte und Offiziere standen der deutschen Militärtradition und dem Nationalsozialismus durchaus positiv gegenüber. Geahndet wurden lediglich gröbere Exzesse. Sprachlicher Faschismus wurde teilweise kritiklos, teilweise in bewusster Absicht übernommen. Verbreitet stieß man auf Bewunderung für den Nationalsozialismus, die SS und Adolf Hitler. Auch das durch den Nationalsozialismus geprägte Vokabular des Antisemitismus lässt sich in der DDR-Soldatensprache nachweisen."[56]*

Dass die Verwendung von NS-Lexik Einzug in die DDR-Soldatensprache gehalten hat, ist laut Möller zu einem großen Teil dem Umstand der inoffiziellen Hierarchiebildung und der dementsprechenden Behandlung *neuer Soldaten* geschuldet. Zudem wird laut Möller das diskriminierende Potential der NVA-Sprache hier eindeutig offensichtlich. Denn es ist nicht von der Hand zu weisen, dass NS-Lexik das größte Potential für verachtende Sprachäußerungen innewohnt.

Unklarheit bleibt nach Möllers Aussagen dennoch. Er erklärt nicht, weshalb NS-Lexik in der DDR-Soldatensprache derart präsent war.

Die These der Verwendung lässt sich bereits mit einfachen Tatsachenfeststellungen widerlegen. Die Sprachteilnehmer der DDR-Sprache wurden mit einer fundierten, wenn auch subjektiv gefärbten Geschichtsaufarbeitung in der Schule konfrontiert. Sie wissen also um die Bedeutungen und wofür der Nationalsozialismus in Deutschland steht. Möllers Aussagen über eine derart starke Verwendung der NS-Sprache

---

[55] Der *Unterlutscher* ist ein Unterleutnant, ein anderer Begriff dafür ist *Unterlulli*. In: Klaus-Peter Möller: Der wahre E. Ein Wörterbuch der DDR-Soldaten. Berlin 2000, S. 213.
[56] Klaus-Peter Möller: Der wahre E. Ein Wörterbuch der DDR-Soldaten. Berlin 2000, S. 19.

sind also nicht nachvollziehbar. Andererseits könnte so argumentiert werden, dass Rechtsextremismus in Verbindung mit verfassungsfeindlichen Symbolen nach dem Niedergang der DDR besonders in den neuen Bundesländern Einzug gehalten hat.

3.2.4 Problem der Grenzziehung – Was ist eindeutig, was aber nur Deutung?

Im Kapitel 3.2 konnte nachgewiesen werden, dass die Sprache der NVA-Soldaten durchaus aggressives und verachtendes Potential besitzt. Besonders das Vokabular für junge Soldaten, einhergehend mit der Behandlung, das Wesen der E-Bewegung sowie die Synonyme für das weibliche Geschlecht zeigen, wie roh die Sprache sein kann. Leicht ist man in dieser sprachlichen Umgebung aber dazu geneigt, jeder Silbe eine Bedeutung zukommen zu lassen. Prinzipiell gilt, dass die NVA-Sprache immer noch eine von den Soldaten erfundene Sprache ist. Es ist nicht davon auszugehen, dass jedes Wort eine negative Bedeutung hat. Denn so wäre eine Kommunikation unter den Rekruten schier unmöglich. In diesem Umfeld ist eine Abgrenzung von eindeutig und uneindeutig aber kaum möglich. Denn logisch ist auch: Wenn vielen Begriffen negative Bedeutungen zugewiesen werden, warum sollen sich dann nicht auch NS-Lexeme in der Sprache wiederfinden? Die Erklärung für diese Arbeit ist pragmatisch. Wie gesehen, zeichnet sich NVA-Soldatensprache durch einen unmiss- verständlichen Ton aus. Wörter, die Neulinge oder Rekruten im letzten Diensthalb- jahr beschreiben, sind unmissverständlich klar. Wortklaubereien gibt es hier nicht. Und da auch Möller in diesem Fall nicht stringent argumentiert, begibt er sich in die- sem Fall auf die Deutungsebene. Andere Literatur stützt die Beobachtungen von Möller nicht. Es existiert also keine zweite Quelle, die dieselben Tendenzen im NVA-Soldatensprachbild festgestellt hat.

4. Umfrage zur Sprache der NVA-Soldaten

Umfragen können dazu beitragen, Theorien praktisch beweisbar zu machen. Beson- ders für die Sprache der NVA-Soldaten kann eine Umfrage Behauptungen untermau- ern oder sie in Frage stellen. Der Sinn einer Umfrage im Zuge dieser Arbeit liegt auf der Hand. Der in Betracht kommende Sprecherkreis ist nach wie vor konsultierbar. Eine Umfrage im Allgemeinen hilft, ganz unabhängig von den Untersuchungsergeb-

nissen, selbst Informationen oder sogar Tatsachen über die Sprache der NVA-Soldaten zu generieren. Im Gespräch mit Zeitzeugen kann es beispielsweise passieren,
dass Sachverhalte weniger drastisch darstellt werden bzw. auch anders wahrgenom-
men werden. Würde sich ein ähnlicher Fall ergeben und die Antworten der Inter-
viewten deckend darauf abstellen, dass diese oder jene Benutzung der Sprache nicht
als Diskriminierung verstanden wurde, auch wenn sie sich gegen einen selbst richtet,
ist der diskriminierende Gehalt durchaus zu überprüfen und der Fachliteratur zu wi-
dersprechen. Hier ist jedoch auch zu bedenken, dass die subjektive Wahrnehmung
eines jeden Menschen anders ist. Derselbe Sachverhalt kann den einen psychisch
stark traktieren, wohingegen ein anderer den Sachverhalt als neutral empfindet. Es
ist hier erforderlich, eine Deckungsgleichheit zu erzielen, die – gemäß ihrem Rah-
men – allgemeingültige Schlüsse zulässt. Es muss jedoch auch klar sein, dass eine
solche Umfrage lediglich stichprobenartigen Charakter haben kann. Eine empirisch-
quantitativ ausgereifte Untersuchung übersteigt die Mittel der Arbeit um ein Vielfa-
ches.

4.1 Zur Befragung

Insgesamt haben neun Personen an der Befragung teilgenommen. Diese Personen
sind männlich und ehemalige Bürger der DDR. Alle befragten Bürger hatten zudem
die DDR-Staatsangehörigkeit und sind deutscher Abstammung. Alle Befragten haben länger als zehn Jahre in der DDR gelebt.

4.2 Auswertung des Fragebogens zur DDR-Soldatensprache

In den folgenden Kapiteln werden die einzelnen Antworten prozentual verwertet und
zudem werden Erklärungen zu den einzelnen Arbeitsergebnissen vorgelegt. Anhand
dieser Auswertungen sollen vorangegangene Untersuchungsergebnisse bewiesen
bzw. widerlegt werden.

4.3 Zu den Personen

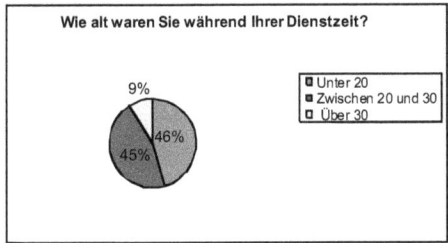

Abb. 1: Prozentuale Verteilung der Antwort auf die Frage: Wie alt waren Sie während Ihrer Dienstzeit?

Abb. 2: Prozentuale Verteilung der Antwort auf die Frage: Wie lange waren Sie in der NVA?[57]

Diese beiden Umfrageergebnisse, die sich auf das Alter während der Dienstzeit sowie die Dauer der Dienstzeit an sich beschreiben, zeigen, dass ein Großteil der Soldaten das 30. Lebensjahr noch nicht erreicht hat. Von dieser Mehrheit wiederum haben 46 % zum Zeitpunkt ihrer Dienstzeit das 20. Lebensjahr noch nicht erreicht. Aus dieser Aufstellung lässt sich ableiten, dass die Mehrheit der Befragten Jugendliche waren, sodass sich ihre Dienstzeit im günstigsten Fall auf ein Jahr beschränkte. Im Normalfall diente ein NVA-Soldat sogar 18 Monate, drei Jahre, zehn Jahre oder war Berufssoldat, was bedeutet, dass der Regelfall eine Dienstzeit von eineinhalb Jahren vorsah. Das wiederum lässt die Vermutung zu, dass die DDR-Soldatensprache stark von jugendsprachlichen Tendenzen geprägt wurde und ihren nachweislich aggressiven Gehalt jugendlicher Naivität und vor allem, im Bezug auf die Hierarchiekonstellation, *jugendlichem Imponiergehabe* geschuldet ist. Denn es bleibt unbestritten, dass für einen *Quasi-Jugendlichen* ein gewisser Reiz darin besteht, zu gefallen und Macht auf andere auszuüben.

---

[57]Oschlies beschreibt, dass der Wehrdienst offiziell in 18 Monaten abzuleisten war und sich in 3 Diensthalbjahre aufspaltete. Vgl. Wolf Oschlies: Wie „Mucker" bei der „Fahne" reden. Soziolinguistische Bemerkungen zum DDR-Soldatenjargon. S. 22.

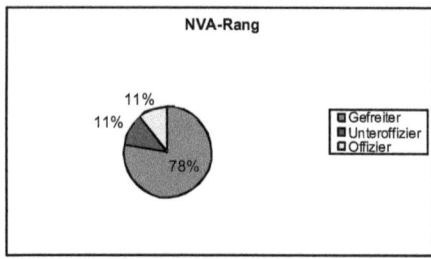

Abb. 3: Prozentuale Verteilung der Antwort auf die Frage:
Welchen Rang besetzten Sie in Ihrer Zeit in der NVA?

Wie diese Auswertung beweist, war der Großteil (78 %) in keiner gehobenen Stellung. Das wiederum erklärt den Drang nach einer inoffiziellen Hierarchie unter den Rekruten. Vor den Befehlsberechtigten waren die Soldaten gleich; sie konnten nicht ohne Weiteres auch befehlsberechtigt sein. Diese Beobachtung stützt den Gedanken, dass es einen natürlichen Drang gab, Machtpositionen unter den Soldaten zu vergeben, um selbst die Erfahrung zu machen bzw. in den Genuss zu kommen, über andere Rekruten zu befehligen und sie auch, je nach Individualcharakter, zu diskriminieren und abzuwerten.

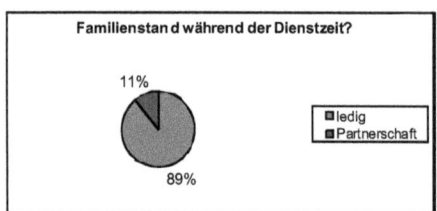

Abb. 4: Prozentuale Verteilung der Antwort auf die Frage: Familienstand während der Dienstzeit?

Die Frage nach dem Familienstand scheint lapidar zu sein, dennoch lässt sie folgendes Szenario zu: 89 % der NVA-Soldaten waren während ihrer Armeezeit ledig. Die Bindung an die Kaserne und die zweijährige Dienstzeit sind hier wohl die Hauptgründe für die Beziehungslosigkeit der Soldaten. Deutbar wäre hier, dass die Soldaten unfreiwillig ledig waren. Daraus ließe sich dann schließen, dass sie mit ihrer Situation in der NVA unzufrieden sind. Diskriminierendes Vokabular, das das weibliche Geschlecht verunglimpft, kann also ein Ausdruck dieser Unzufriedenheit sein. In Möllers Wörterbuch lassen sich dazu einige Wörter finden, die eindeutig frauenfeindliche Tendenzen tragen. Begriffe wie „Vorvotze"[58] oder auch „Geschlechtsbara-cke"[59] sind es, die eindeutig darauf verweisen, dass die Synonyme für eine *Frau* im soldatischen Vokabular selten positiv konnotiert waren.

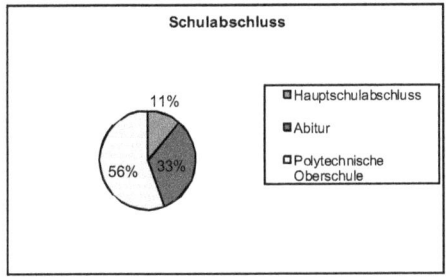

Abb. 5: Prozentuale Verteilung der Antwort auf die Frage: Welchen Schulabschluss haben Sie?

Frappierend für die Untersuchungsergebnisse ist die Tatsache, dass der NVA-Sprachgebrauch nicht vom individuellen Schulabschluss abhängt, sondern sich kon-tinuierlich durch alle Bildungsschichten zieht. Das wiederum bedeutet, dass die Sol-datensprache – und die ihr innewohnenden *verachtenden Elemente* – allgemein an-gewendet wurde und sich über Bildungsbarrieren hinwegsetzte. Die Ausprägung der DDR-Soldatensprache ist also nicht, wie das in anderen Varietäten üblich ist, von so-zialen Umständen abhängig, sondern erfasst alle Soldaten. Es spielt keine Rolle, wie sie sich in den Jugendjahren sozialisiert haben. Es scheint keinen Unterschied zu machen, ob ein Rekrut einen POS-Abschluss oder einen höherwertigen bzw. niedri-geren Bildungsabschluss erworben hat. Für die Zeit in der NVA teilen die Soldaten dieselben Schicksale und nutzen demzufolge dasselbe Vokabular. Die Lebensum-stände der DDR-Soldaten, deren genaue Untersuchung diese Arbeit sprengen würde, sind ganz wesentliche Faktoren für die Entwicklung von Soldatensprache. Die Ver-bitterung über die Dienstzeit sowie das erkläre Szenario *Single-Dasein* der meisten Soldaten befeuern die Entwicklungen. Dass diese These durchaus Bestand hat, wird dadurch bewiesen, dass ein Großteil der DDR-Soldaten nicht gern in der NVA ge-dient hat, sowie die Tatsache, dass sich dieser Umstand während der gesamten Dienstzeit nicht geändert hat, obwohl die Soldaten, wie festgestellt wurde, nach drei

---

[58]Möller führt unter dem Begriff *Vorvotze* die Bezeichnung für die äußeren Schamlippen einer Frau sowie die Beschreibung übergroßer äußerer Schamlippen. In: Klaus-Peter Möller: Der wahre E. Ein Wörter-buch der DDR-Soldaten. Berlin 2000, S. 219.
[59]Mit der Bezeichnung *Geschlechtsbaracke* sind Prostituierte gemeint. In: Klaus-Peter Möller: Der wahre E. Ein Wörterbuch der DDR-Soldaten. Berlin 2000, S. 103.

Diensthalbjahren *EKs* wurden und im inoffiziellen Hierarchiesystem der DDR-Soldaten den höchsten Rang bekleideten.

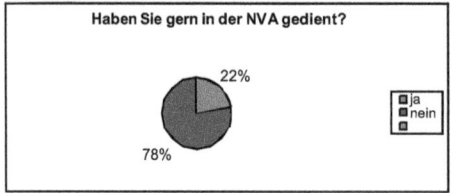

Abb. 6: Prozentuale Verteilung der Antwort auf die Frage: Haben Sie gern in der NVA gedient?

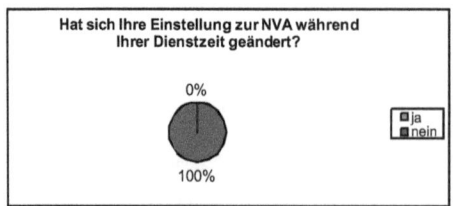

Abb. 7: Prozentuale Verteilung der Antwort auf die Frage:
Hat sich Ihre Einstellung zur NVA während Ihrer Dienstzeit geändert?

4.4 Befragung der Personen zu ihrer Zeit als NVA-Soldaten

Die Umfrage hat aber auch ergeben, dass zwei Drittel der Befragten die NVA-Soldatensprache als eine nicht diskriminierende Sprache empfanden. Das ist schon dadurch nachvollziehbar, da die Jungsoldaten durch die älteren Rekruten in die beste-
hende inoffizielle Hierarchie integriert wurden und auf ihre niedrigere Stellung im
Soldatenverband hingewiesen wurden. Die aufgeführten Beispiele lauteten u.a.
„Sprutz" oder „Spritzer" für Neulinge in einer Einheit und mündeten in der Bezeichnung „EK"[60], den *Entlassungskandidaten*.

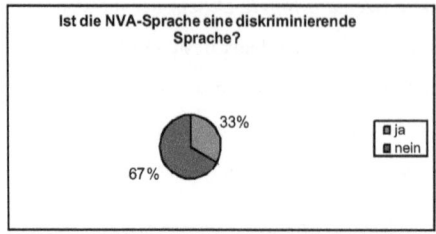

Abb. 8: Prozentuale Verteilung der Antwort auf die Frage:
Ist die NVA-Sprache eine diskriminierende Sprache?

---

[60]Siehe Fußnoten 2, 25, 36 etc.

So ist auch nicht verwunderlich, dass 78 % der befragten Personen die Verwendung der DDR-Soldatensprache als normal empfanden, sie gehörte schlichtweg dazu. 11 % wiederum verwendeten die NVA-Sprache auf Grund der Gruppendynamik, was dafür spricht, dass die Sprache eine wichtige Komponente im täglichen Umgang der Soldaten miteinander war und deshalb von Wichtigkeit, um vor den anderen Rekruten zu bestehen. Die 11 % resultieren aus der Tatsache, dass sich unter den Befragten auch ranghöhere Soldaten befanden, die den *Jargon der Soldaten* vermieden, womöglich um die offizielle Hierarchiekonstellation nicht zu vermischen. Denn anders als in einer inoffiziellen Hierarchie ist die offizielle Hierarchie in einer Armee einhergehend mit Abgrenzungsprozessen, um Autorität und Objektivität gegenüber rangtieferen Soldaten zu gewährleisten.[61]

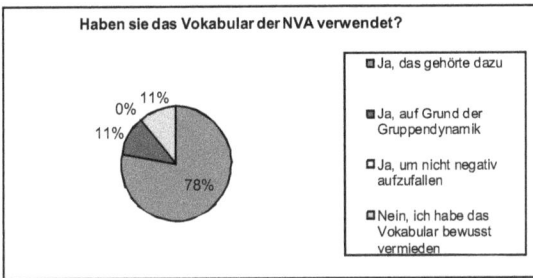

Abb. 9: Prozentuale Verteilung der Antwort auf die Frage:
Haben Sie das Vokabular der NVA verwendet?

Dass die Sprache der NVA-Soldaten von ihren Sprechern jedoch nur zeitlich begrenzt verwendet wurde, bezeugt die Aussage, dass 67 % der Befragten die meisten Wörter vergessen hatten. Es ist durchaus nachvollziehbar, dass noch ein Restbestand des Vokabulars bei den Sprechern vorhanden ist. Der Grund: Ein Großteil der Soldaten war nicht zufrieden mit dem Wehrdienst in der NVA, diese Armeezeit gehörte jedoch zum Leben der einzelnen Rekruten und individuelle Erfahrungen und Erlebnisse wurden mit dieser Zeit verbunden. Dass Sprachbesonderheiten dabei eine Rolle spielen, ist naheliegend.

---

[61]Vgl. Hans-Peter Löffler: Soldat der NVA von Anfang bis Ende. Eine Autobiographie. Berlin 2006, S. 208.

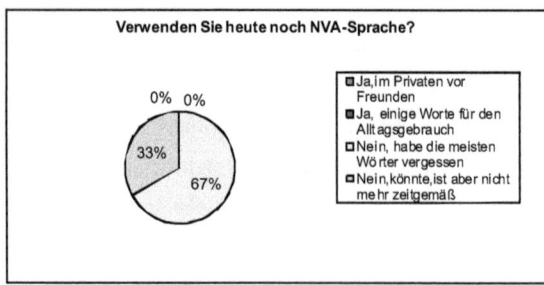

Abb. 10: Prozentuale Verteilung der Antwort auf die Frage:
Verwenden Sie heute noch NVA-Sprache?

Dass die Mehrheit der befragten ehemaligen NVA-Soldaten sich gegenüber der Öffentlichkeit als gleichgültig bzw. ablehnend empfanden, ist ein weiteres Indiz dafür, wie stark der Drang danach war, eine Gruppenzugehörigkeit unter den Rekruten herzustellen, die identitätsstiftend sein sollte. Im Bezug auf DDR-Soldatensprache bedeutete dies, sich dem inoffiziellen Hierarchiegebilde zu beugen und dessen *Gepflogenheiten,* wie z.B. die Benutzung der Soldatensprache, in den eigenen Sprachgebrauch zu integrieren. Dass die NVA-Soldaten nicht akzeptiert wurden, untermauert eine Aussage von Rogg. „Die meisten Gesellschaften haben früher oder später Wörter für ihre Soldaten kreiert: der GI in den Vereinigten Staaten, der Poilu der französischen Armee im Ersten Weltkrieg oder der Bundi bei der Bundeswehr. Für die Angehörigen der Volksarmee hat der Volksmund nichts dergleichen hervorgebracht."[62]

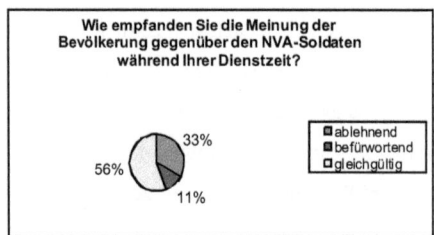

Abb. 11: Prozentuale Verteilung der Antwort auf die Frage:
Wie empfanden Sie die Meinung der Bevölkerung gegenüber den NVA-Soldaten während Ihrer Dienstzeit?

Die Frage danach, ob die Soldaten während ihrer Dienstzeit glücklich waren, soll erneut und abschließend dokumentieren, dass der obligatorische Wehrdienst für die

---

[62]Matthias Rogg: Armee des Volkes? – Militär und Gesellschaft in der DDR. S. 327.

Mehrzahl der Rekruten (67 %) ein Ärgernis darstellte, dass sie nicht zufrieden mit ihrer Stellung als *Soldaten* waren. Das heißt aber auch, dass 33 % der Befragten während ihrer Zeit in der NVA zumindest nicht unglücklich waren. Erklärt ist das durch den Blick zurück auf die Zeit in der NVA. Das, was damals abgelehnt wurde, ist heute mit gebührendem Abstand nur noch halb so schlimm. Diese Tendenzen sind im Übrigen auch einhergehend mit dem gesamtgesellschaftlichen Blick ehemaliger DDR-Bürger. Die DDR wird heute in weiten Teilen der Neuen Bundesländer als weniger abstoßend betrachtet als noch 1990.

Abb. 12: Prozentuale Verteilung der Antwort auf die Frage: Waren Sie glücklich während Ihrer Dienstzeit?

5. Verhältnis der Soldaten zur NVA

Nachdem die Umfrage Aufschluss über das Verhältnis ehemaliger DDR-Soldaten zur ihrem Armeedienst gab, sollen die Ergebnisse gezielt mit wissenschaftlichen Erkenntnissen abgeglichen werden, um ein differenzierteres Bild über das Verhältnis der DDR-Soldaten zu ihrer Armee zu erlangen. Wie stark die DDR-Soldatensprache Ausdruck einer Unzufriedenheit war, kann lediglich konstruiert werden. Möller bemerkt in diesem Zusammenhang jedoch auch, warum Sprache als Indikator fungieren kann:

„Aufarbeiten heißt, sich erinnern. Wie zuverlässig ist unsere Erinnerung?
Neigt sie dazu, vergangene Zeit zu verklären? Sieht sie alles in einem
besonderen Licht? Die Sprache ... ist die Scheide darinnen die Messer
des Geistes stecken."[63]

---

[63]Klaus-Peter Möller: Der wahre E. Ein Wörterbuch der DDR-Soldaten. Berlin 2000, S. 19.

Betrachtet man beispielsweise die Synonyme der Soldaten, mit denen sie ihre Vorgesetzten bezeichneten, wird eine klare Abkehr gegenüber Diensthöheren deutlich.[64] Offiziere wurden von den Soldaten beispielsweise „Bonzen"[65] oder „Zecken"[66] genannt. Möller, ehemaliger Angehöriger der NVA, beschreibt, dass eine „ungerechtfertigte Arroganz der Berufsunteroffiziere"[67] dazu führte, dass die Soldaten für die BUs[68] Synonyme wie *besonders unfähig* oder *bildungsunfähig* verwandten. Die Synonyme lassen Rückschlüsse auf das „Unterdrückungssystem der DDR"[69] zu. Das Spektrum der Wörter lässt sich auf viele Bereiche ausweiten. So sind die Politschulungen zum Beispiel „Märchenstunden", in denen „Wünsch-Dir-Was" behandelt und das „Bummiheft" bearbeitet wird.[70] Laut Möller verabschiedeten sich die Offiziere mit den Worten: „Ein atomfreies Wochenende und einen guten Westempfang."[71] Der Kapitalismus als erklärtes Feindbild und der Sieg des Kommunismus stießen auf wenig Zustimmung[72] unter den NVA-Soldaten. Die ablehnende Haltung bezieht sich auf mögliche Kampfhandlungen, also ein mögliches *Kräftemessen zwischen* Kommunismus und Kapitalismus. Es ist nicht davon auszugehen, dass die DDR-Soldaten gegenüber den Soldaten der Westmächte Feindbilder entwickelten.[73] Auf Grund der Entwicklungen bezüglich des Wettrüstens im Kalten Krieg waren die DDR-Soldaten zunehmend skeptisch über den Sinn des Armeedienstes in der DDR. Ein üblicher Spruch war beispielsweise: „Bevor wir aus dem Tor raus sind, stehen die Amis schon am KdL und verteilen Urlaubsscheine und Kaugummis!"[74] Diese

---

[64]Diese Abkehr kann als Widerstand gegen die NVA als Institution verstanden werden. Sie sagt wenig über die Haltung gegenüber dem Staat DDR aus.
[65]Klaus-Peter Möller: Der wahre E. Ein Wörterbuch der DDR-Soldaten. Berlin 2000, S. 19.
[66]Klaus-Peter Möller: Der wahre E. Ein Wörterbuch der DDR-Soldaten. Berlin 2000, S. 19.
[67]Ebenda.
[68]BU ist die Abkürzung für Berufsunteroffizier.
[69]Möller spricht vom „Unterdrückungssystem der DDR". So wird schnell deutlich, dass hier eine wertfreie Bearbeitung der Kontextualisierung zwischen DDR, NVA und Soldaten nicht zu erwarten ist.
[70]Vgl. Klaus-Peter Möller: Der wahre E. Ein Wörterbuch der DDR-Soldaten. Berlin 2000, S. 20.
[71]Klaus-Peter Möller: Der wahre E. Ein Wörterbuch der DDR-Soldaten. Berlin 2000, S. 21.
[72]Vgl. Klaus-Peter Möller: Der wahre E. Ein Wörterbuch der DDR-Soldaten. Berlin 2000, S. 20.
[73]Die Mehrheit der DDR-Soldaten entwickelte kein Feindbild gegenüber den Westmächten. Die Soldaten waren eher bestrebt, ein Machtgleichgewicht herzustellen. Ein Kampfansinnen unter den Soldaten kann nicht festgestellt werden. Ein wichtiger Vertreter der These vom Machtgleichgewichtes ist Kenneth Waltz. Sein neoliberalistischer Ansatz beschreibt das Sicherheitsstreben zwischen den Staaten. Besonders für DDR und BRD ist dies von Bedeutung. So versteht Waltz das Wettrüsten beider Staaten als weiteres Sicherheitsmoment, zumal sich beide Staaten der Durchschlagskraft von Atombomben bewusst waren. Das Wettrüsten kann also durchaus auch als Stärkung der Sicherheit zwischen beiden deutschen Staaten verstanden werden. Der Neoliberalismus erklärt eben jene Bestrebungen der Staaten, Sicherheiten zu schaffen. Macht sei lediglich Mittel zum Zweck, um die eigenen Staatsgrenzen zu schützen. Diese Entwicklungen sind für Großteile der Bevölkerung sowie der Soldaten nicht ersichtlich. Vorrangig stellt das sog. *Wettrüsten* eine Gefahr dar. Denn Sicherheit ist lediglich die mittelbare Wirkung, die erzielt werden soll. Vorrangig geht es den Staaten darum, Macht, Stärke und womöglich auch Tatendrang zu demonstrieren. In: Kenneth Waltz: Theory of International Politics. Oxford 1979.
[74]Klaus-Peter Möller: Der wahre E. Ein Wörterbuch der DDR-Soldaten. Berlin 2000, S. 20.

Äußerungen stützen die Ansicht, dass das Selbstbild der NVA-Soldaten als „Armee für den Frieden" zulässig ist.[75] Zudem gibt Möller zu bedenken, dass niemand geglaubt hätte, „dass mit den veralteten und maroden Waffen ein moderner Krieg zu gewinnen sei."[76] Bekundungen, „dass alle Armeeangehörigen ihren Ehrendienst in der Nationalen Volksarmee als Klassenauftrag richtig verstanden haben"[77], wirken in diesem Kontext befremdlich. Sie spiegeln nicht die Ansichten der allgemeinen DDR-Soldaten wider. Von einem Ehrendienst kann beispielsweise nicht gesprochen werden, zumal die Entscheidung, Armeedienst in der NVA abzuleisten, nicht fakultativ, sondern obligatorisch war.

6. Resümee

Die Sprache der DDR-Soldaten ist in Bezug auf die Frage, ob sie diskriminierend ist, mit einem klaren *„Ja"* zu beantworten. Sie übernimmt faschistoide Begriffe, wirkt durch ein inoffizielles Hierarchiesystem, in dem Sprache Artikulation von Machtpositionen ist. Dennoch ist es nicht zulässig, die Rekruten der NVA als diskriminierende Masse abzustempeln. Wie sich feststellen ließ, sind die Umstände der Dienstzeit und der Wunsch danach, die NVA wieder verlassen zu können, die wichtigsten Themen für die Soldaten. Es ist ebenso deutlich geworden, dass die Sprache lediglich in der NVA verwendet wurde, nach dem Dienstende hat eine Großzahl der ehemaligen Sprecher dieses Vokabular wieder vergessen und sich nahtlos in die Bevölkerung re-integriert. Es bleibt demnach festzuhalten, dass die Entwicklung und Verwendung von NVA-Soldatensprache dynamischen Prozessen unterlag, deren Unterwanderung eine Diskriminierung von Seiten der restlichen Rekruten nach sich gezogen hätte. Die Sprache war vielleicht sogar auf Grund ihrer Härte ein wichtiges Integrationsmoment für die Rekruten, dafür spräche die Erfassung jedes Rekruten durch die E-Bewegung. Man konnte sich entscheiden, ob man die Sprache nutzt und sich unterordnet oder ob man ein *Soldat zweiter Klasse* werden wollte. Die Option der Unterordnung ist hierbei die sinnvollere Variante, zumal man durch das Tragen der NVA-Uniform in der Bevölkerung ebenso wenig integriert gewesen wäre. Auch ist es von Wichtigkeit, dass lediglich durch objektive Betrachtung ein diskriminie-

[75]Dieter Bald: Nationale Volksarmee – Armee für den Frieden. Baden-Baden 1995.
[76]Klaus-Peter Möller: Der wahre E. Ein Wörterbuch der DDR-Soldaten. Berlin 2000, S. 19.
[77] Armee für Frieden und Sozialismus. Berlin 1985, S. 424.

rendes Potential vorliegt, das die vorangegangenen Umstände zwar benennt, sie aber nicht authentisch nachvollziehbar macht. Die NVA-Sprache ist auch deshalb diskriminierend, da sie die Integrationsfähigkeit des Individuums einfordert und dabei verlangt, moralische Vorstellungen der Gemeinschaft der Soldaten anzupassen. Dass sich der Jargon und das Hierarchiesystem der Soldaten in diese Richtung entwickelte, ist sicherlich ein dynamischer Prozess, der durch offizielle Bevormundung und Unlust am Dienst in der NVA geprägt ist. Die Rekruten sind in der Regel recht jung und mindestens 18 Monate ihrer *persönlichen Freiheit* beraubt. Dass sich ein frauenverachtendes Potential in der Sprache entwickelt, ist ebenfalls diesen Umständen geschuldet, es ist zudem belegt worden, dass die Mehrheit der Soldaten während ihrer Dienstzeit ledig waren. Das wiederum soll dennoch nicht über die Tatsache hinwegtäuschen, dass die NVA-Sprache dieses diskriminierende Potential in sich trug und es bis zur Auflösung der NVA verwendet wurde. Man darf sich dennoch nicht dem Glauben hingeben, dass die Sprache, so wie sie sich in dieser Arbeit darstellt, frei und bewusst gewählt wurde. Sie wurde den Rekruten vorgeschrieben, lediglich ranghöhere Soldaten konnten frei wählen, ob sie die Soldatensprache nutzen wollten oder nicht. Der diskriminierende Gehalt der Sprache ist demnach durch eine Dynamisierung in der Gemeinschaft und nicht durch individuelle Sprachleistungen entstanden. Hier kann auf den obligatorischen Armeedienst in der DDR geschlossen werden. Jeder männliche DDR-Bürger musste[78] mindestens zwei Jahre in der NVA dienen. Also erlernte auch die Sprache NVA-Soldatensprache.

---

[78]Es gab auch Ausmusterungen in der DDR. Die Zahl derer, die nicht in der NVA dienen mussten, ist aber sehr gering. Zudem waren die Ausmusterungsmaßstäbe extrem hoch.

7. Literaturverzeichnis:

Bald, Dieter u.a. — Nationale Volksarmee – Armee für den Frieden. Nomos Verlagsgesellschaft, Baden-Baden 1995.

Bartsch, Sebastian — Bundeswehr und NVA. Die gegenseitige Darstellung zwischen Konfrontation und Vertrauensbildung. Quorum Verlag, Berlin 1989

Biedermann, Bernd u.a. — Die Militäraufklärung der NVA – ehemalige Aufklärer berichten. Verlag Dr. Köster, Berlin 2007.

Bock, Rolf/ Möller, Klaus-Peter — *Die DDR-Soldatensprache. Ein Beitrag zum Wesen der Soldatensprache.* In: Potsdamer Forschungen der Brandenburgischen Landeshochschule. Untersuchungen zur Geschichte der deutschen Sprache seit dem Ende des 18. Jahrhunderts. Hrsg.: Helmut Langer und Elisabeth Berner. Gesellschaftliche Reihe Heft 108, Potsdam 1991.

Forster, Thomas M. — Die NVA – Kernstück der Landesverteidigung der DDR. Markus Verlagsgesellschaft, Köln 1972.

Gesamtdeutsches Institut (Hrsg.) — Militär in der DDR. Seminarmaterial des Gesamtdeutschen Institutes, Bonn 1987.

Großmann, Werner — Bonn im Blick – Die DDR-Aufklärung ihres letzten Chefs. Das Neue Berlin Verlagsgesellschaft, Berlin 2001

Löffler, Hans-Georg — Soldat der NVA von Anfang bis Ende. Eine Autobiographie. Das Neue Berlin Verlags GmbH, Berlin 2006.

Meyer Gerd/ Schröder, Jürgen (Hrsg.) — DDR heute – Wandlungstendenzen und Widersprüche einer sozialistischen Industriegesellschaft. Gunter Narr Verlag, Tübingen 1988.

Möller, Klaus-Peter — Der wahre E. Ein Wörterbuch der DDR-Soldatensprache. Lukas Verlag, Berlin 2000.

Oschlies, Wolf — Wie „Mucker" bei der „Fahne" reden. Soziolinguisti-

	sche Bemerkungen zum DDR-Soldatenjargon. Bundesinstitut für ostwissenschaftliche und internationale Studien Heft 23, Köln 1987.
Politische Hauptverwaltung der Nationalen Volksarmee (Hrsg.)	Militärpolitische und -pädagogische Probleme der Festigung der sozialistischen Beziehungen in der NVA. Militärverlag der DDR, Berlin 1974.
Rogg, Matthias	Armee des Volkes? – Militär und Gesellschaft in der DDR. Ch. Links Verlag, Berlin 2008.
Schriften des Militärhistorischen Institus der DDR	Armee für Frieden und Sozialismus. Militärverlag der DDR, Berlin 1985
Storckmann, Klaus P.	Das chinesische Prinzip in der NVA – Vom Umgang der SED mit den Generälen und Offizieren in der frühen NVA. Verlag Dr. Köster, Berlin 2001.
Tannenhoff, Peter	Sprutz – In den Fängen der NVA. Ludwig Verlag, Kiel 2003.
Waltz, Kenneth	Theory of International Politics. Mcgraw-Hill Higher Education, Oxford 1979.

Andere Arbeitsmaterialien:

Umfragebogen zur Sprache der NVA-Soldaten
mit freundlicher Unterstützung des *Hochbauamtes Berlin-Lichtenberg*

8. Abbildungsverzeichnis:

Umfrage zur NVA-Sprache

Zur Person des Befragten:

1) Wie alt waren Sie während der Dienstzeit?

    Unter 20   ☐
    Zwischen 20 und 30   ☐
    Zwischen 30 und 40   ☐

2) Wie lange waren Sie in der NVA?

    Weniger als 12 Monate   ☐
    Zwischen 12 und 18 Monaten ☐
    Über 20 Monate   ☐

3) Familienstand während der Dienstzeit

    ledig   ☐
    Partnerschaft   ☐

4) NVA-Rang

    Soldat   ☐
    Gefreiter   ☐
    Unteroffizier   ☐
    Offizier   ☐
    General   ☐

5) Schulabschluss

    Hauptschulabschluss   ☐
    POS   ☐
    Abitur   ☐

Meinung über die NVA

6) Haben Sie gern in der NVA gedient?

    ja   ☐
    nein   ☐

7) Hat sich diese Einstellung während der Dienstzeit geändert?

Ja   ☐
Nein   ☐

8) Ist die NVA-Sprache eine diskriminierende Sprache?

Ja   ☐
Nein   ☐

9) Sind Sie während Ihrer Dienstzeit Opfer solcher Diskriminierungen geworden?

Ja, in den ersten Wochen   ☐
Immer mal wieder   ☐
Nein, eigentlich nie   ☐

10) Haben sie das Vokabular der NVA verwendet?

Ja, das gehörte dazu   ☐
Ja, auf Grund der Gruppendynamik   ☐
Ja, um nicht negativ aufzufallen   ☐
Nein, ich habe das Vokabular bewusst vermieden   ☐

11) Verwenden Sie heute noch NVA-Sprache?

Ja, im Privaten vor Freunden, die ebenfalls NVA-Soldaten waren   ☐
Ja, ich habe einige Wörter für den Alltagsgebrauch übernommen   ☐
Nein, die meisten NVA-spezifischen Wörter habe ich vergessen   ☐
Nein, ich könnte und würde sie zwar sprechen, aber sie ist nicht mehr zeitgemäß   ☐

12) Wie empfanden Sie die Meinungen der Bevölkerung gegenüber der NVA-Soldaten während Ihrer Dienstzeit?

Ablehnend   ☐
Befürwortend   ☐
Gleichgültig   ☐

13) Waren Sie glücklich während Ihrer Dienstzeit?

Ja   ☐
Nein   ☐